Contraste insuffisant

**NF Z 43**-120-14

# A NOSSEIGNEURS
## DE PARLEMENT
### EN LA TOURNELLE CRIMINELLE.

**S**UPPLIE humblement Estiennette Auge', Veuve Gorry;
Disant, que dans l'affaire du Sieur de Courbon & autres Accusez
du prétendu rapt de seduction, commis dans la personne de la Demoiselle Perrin de Moras, en approfondissant l'affaire, on ne voit
que des objets fâcheux; on ne decouvre que gens qui sont en faute,
& même que les prétendues Parties Civiles sont plus coupables que les Accusez.
On voit une mere souverainement imprudente, une fille qui a cru que son devoir
étoit de l'imiter; un Gentihomme accueilli par la mere, aimé par la fille, trahi
dans l'évenement par l'un & par l'autre, qui n'a pas prévû toutes les consequences
de l'engagement qu'elles lui ont fait contracter; une malheureuse Domestique
que l'on voudroit inmoler; un Curé trop facile, qui n'est coupable que
de n'avoir pas sçû ce qu'il ne devoit pas ignorer: telles sont les Parties
principales. Il faut y joindre une famille qui demande du sang, qui pour premiere
victime a choisi une jeune enfant, dont elle auroit dû, si elle eût été sensible à
l'honneur, cacher la disgrace, qui a exigé qu'elle fût témoin après avoir employé les
moyens les plus indignes pour l'instruire des faits dont elle devoit déposer, qui a
exigé, dans la seule vûe de la couvrir d'infamie, qu'elle subît l'affreux ceremonial
d'une visite qui fait horreur.

Madame de Moras est à la tête des coupables; ses leçons pernicieuses ont ouvert
le précipice dans lequel elle a fait tomber sa fille; elles ont par leur chûte entraîné
tous les Accusez, le Sieur de Courbon, la Gorry, Femme de Chambre, qui n'a
agi que par principe d'obéissance, sans que l'interêt y ait eu aucune part. On ne parle
point de la Dame veuve de Blenac, mere du Sieur de Courbon, qu'on n'auroit jamais
dû faire paroître dans le nombre des Accusez, quoi qu'on ait eu l'inhumanité de la
traîner au péril de sa vie, du fond de sa Province dans les Prisons, & qui a été injuste-
ment condamnée, sans qu'on puisse lui reprocher d'autre crime que de ne s'être
pas representée après avoir obtenu sa liberté, qui ne lui auroit pas été rendue si les
Juges n'avoient pas été persuadez de son innocence.

Comme on se propose de mettre l'affaire dans son veritable jour, il faut partir
de la plainte, qui est la premiere Piece du Procès. Là Demoiselle de Moras étoit
partie du Couvent du Cherche-Midy le 26 Octobre 1737. en chaise de poste;
pour se rendre à Contré en Poitou, à cent vingt lieues de Paris. En passant par
Poitiers elle avoit écrit le 29 Octobre à Madame de Moras pour lui rendre compte
des motifs de son voyage: Madame de Moras fut instruite de toutes les circonstances par la lettre qu'elle reçut le 2 Novembre.

Le 3 Novembre elle rend plainte d'un rapt de seduction commis dans la personne
de la Demoiselle de Moras, *par gens inconnus*; & comme elle n'est âgée que
detreize ans ou environ, *& qu'elle ne peut avoir été exposée à cet évenement*

A

que par la suite d'une seduction tramée depuis long-tems, dont la plaignante n'a jamais eu *aucun soupçon*, elle a resolu de poursuivre les séducteurs, & ceux qui ont aidéà l'enlevement, conformément aux Ordonnances, à mesure qu'elle en fera la découverte, *& néanmoins elle entend differer ses poursuites*, jusqu'à ce qu'elle ait de nouveaux éclaircissemens.

Ces termes paroissent infiniment importans; le rapt dont elle se plaint est celui qui est punissable par les Ordonnances dont elle parle le langage. Sa fille mineure qui n'est âgée que de treize ans ou environ, a été seduite par *gens inconnus*; elle ne peut avoir été exposée à cet évenement que par la suite d'une seduction tramée depuis long-tems. Ce n'est qu'en employant les artifices les plus dangereux, qu'une enfant dans un âge aussi tendre a pû être seduite; non-seulement la mere plaignante n'en a point eu de connoissance, mais encore elle n'en a jamais eu aucun soupçon; c'est une mere qui se voit ravir une fille de treize ans, malgré tous les soins qu'elle a pris pour conserver sa pureté & son innocence; elle est resolue de poursuivre les seducteurs & ceux qui ont aidé à l'enlevement, à mesure qu'elle en fera la découverte, car elle ne les connoît point; mais néanmoins telles gens auroient eu part à cet évenement, qu'elle ne croiroit point devoir les poursuivre: ainsi entend-t-elle differer ses poursuites, jusqu'à ce qu'elle ait de nouveaux éclaircissemens.

Il n'y a pas un mot dans la plainte, on le repete, qui ne merite une grande attention; tout ce qui y est allegué est mensonge; elle ne peut attribuer ce qu'elle appelle seduction, à des gens inconnus; la lettre par elle reçûe le 2 Novembre, l'avoit instruite du lieu où étoit sa fille; sa fille n'a vû que ceux qui lui ont été presentez par sa mere; ce qu'elle appelle seduction tramée il y a long-tems, a été son ouvrage. Madame de Moras n'a donc pas raison de se plaindre; elle ne peut, selon elle-même, avoir raison que dans le cas où il y aura un veritable rapt de seduction, où la Demoiselle de Moras, jeune enfant sans experience, n'aura eté exposée à cet évenement, que par la suite d'une seduction tramée depuis long-tems, que la mere n'a pû prévoir, *dont elle n'a jamais eu aucun soupçon:* ce n'est que dans ce cas qu'elle auroit eu raison de poursuivre; ce n'est que dans ce cas qu'elle a droit d'implorer la severité des Ordonnances. L'article 42. de celle de Blois, dont l'execution est ordonnée par toutes les Loix qui ont suivi, punit de mort ceux qui se trouveront avoir suborné fils ou fille mineurs de vingt-cinq ans, sous pretexte de mariage ou autre couleur, sans le gré, sçû, vouloir & consentement exprès des peres, meres & tuteurs.

Voilà quel est le rapt de seduction puni de mort par les Loix; c'est celui dont Madame de Moras veut poursuivre la vengeance. Les assiduitez auprès d'une jeune mineure, d'où naît une passion, ne sont pas toutes également criminelles; les peres & les meres qui en ont eu connoissance, qui y ont donné les mains, qui n'en ont point été alarmez, ont dû prévoir que les suites pouvoient en être dangereuses: ces pere & mere ne sont point dans le cas de la Loy, & Madame de Moras a reconnu elle-même qu'elle n'y étoit pas, si le rapt de seduction dont elle se plaint n'est pas commis par des gens inconnus; & comme elle prévoit que l'accusation pourroit tomber sur des personnes moins coupables qu'elle-même, elle marche d'un pas tremblant, elle declare que son dessein est de suspendre ses poursuites jusqu'à ce qu'elle ait de nouveaux éclaircissemens.

Il faut donc voir quelles sont les découvertes survenuës depuis la plainte du 3 Novembre; elle feint qu'elle a appris que la chaise dans laquelle sa fille est partie de Paris, a passé par Poitiers; elle rend de ce fait une seconde plainte le 9 Novembre: l'information a été faite le même jour 9 Novembre, elle est composée de seize Témoins, dont aucuns n'ont été confrontez, dont par consequent il ne resulte aucune preuve.

Par l'évenement ont été decretez le Sieur de Courbon, la veuve Gorry, Femme de Chambre de la Demoiselle de Moras, la Dame Marquise de Blenac, mere du Sieur de Courbon, le Curé de Contré, le pere du Curé, le Domestique qui dans le voyage a accompagné la Demoiselle de Moras. On ne parle point d'autres Accusez qui ont été élargis dans le cours de l'instruction, parce qu'on a reconnu leur innocence.

Les Accusez ne sont pas tous dans la même classe: la Dame de Blenac, le Curé de Contré, le pere du Curé de Contré, n'ont eu & ne peuvent même avoir eu aucune part dans ce qui s'eft paffé avant le dernier d'Octobre dernier, jour auquel la Demoifelle de Moras eft arrivée à Contré ; les faits de la plainte ne peuvent donc tomber que fur le Sieur de Courbon & la veuve Gorry.

La Sentence a prononcé contre eux la peine de mort.

1°. Y a-t'il dans le Procès des preuves qui ayent pû leur attirer cette condamnation ?

2°. Quand même il y auroit des preuves, a-t'on pû appliquer contre le Sieur de Courbon & la veuve Gorry la difpofition des Ordonnances ?

Pour éclaircir le premier point, il faut obferver que toutes les preuves de ce qui PREMIER POINT. s'eft paffé avant que la Demoifelle de Moras foit fortie de fon Couvent le 26 Octobre, fe réduifent aux interrogatoires de la veuve Gorry, & à la dépofition de la Demoifelle de Moras.

On ne parle point de la dépofition de M. Fargés de Polity, parce qu'il n'a pû dépofer que de ce qu'il a vû dans le voyage qu'il a fait à Contré, où il a été chercher la Demoifelle de Moras.

La veuve Gorry a fubi un premier interrogatoire les 27 & 28 Novembre, 2 & 4 Decembre 1737. un fecond des 13 & 18 Decembre 1737. un troifiéme le 17 Mars 1738.

Il faut convenir qu'on a voulu la charger par fes interrogatoires des 13 & 18 Decembre. Dans le premier interrogatoire du 27 Novembre, elle s'étoit bien défendue ; l'interrogatoire du 17 Mars 1738. dont on ne parle point encore, fournira d'autres inductions, qui appartiennent au fecond point, & qu'on ne doit point mêler dans celui-ci.

Suppofons donc que de l'interrogatoire fubi le 13 & le 18 Decembre on tire les confequences les plus fâcheufes & les plus puiffantes, la veuve Gorry par rapport au Sieur de Courbon, n'eft qu'un feul témoin ; la veuve Gorry dans les fers, menacée, intimidée, n'a pû par rapport à elle-même, par les aveux qu'on lui a fait faire, difpofer de fa vie, *non auditur perire volens*; elle en auroit dit cent fois davantage, que les premiers Juges n'auroient pû la condamner à mort.

Si les chofes étoient reftées dans les termes de cet interrogatoire fans aucune autre preuve, il n'étoit pas difficile de reconnoître que les Juges, à la plus grande rigueur, n'auroient pû prononcer qu'un plus amplement informé.

Pour donner quelque poids à cet interrogatoire, voici ce qu'on a imaginé.

La veuve Gorry ayant de nouveau été interrogée le 17 Mars, on reconnoît que toutes les preuves font épuifées ; le 29 Mars on prend le parti de faire entendre la Demoifelle de Moras. On n'avoit pas cru jufqu'à ce moment, dans l'état où étoit le Procès, que fon témoignage pût produire aucun effet ; il a fallu faire jouer cette derniere machine. La Demoifelle de Moras étoit depuis quatre mois enfermée, on peut même dire prifonniere, dans le Couvent de Jercy près Brie-Comte-Robert ; Madame de Moras, par un excès d'aveuglement inconcevable, venoit de l'exhereder. On ufe de promeffes & de menaces auprès de la Demoifelle de Moras, le pardon de fa faute & la liberté qu'on lui promet, doivent être le prix de fa dépofition ; on lui a fait entendre qu'il n'y a que cet expedient pour la reconcilier avec fa famille, dont, en la fituation où elle s'eft mife, il lui eft impoffible de fe paffer, dont elle ne peut fortir que dans onze ans quand elle aura atteint fa vingt-cinquiéme année, pourvû même qu'après ce tems on ne perpetuë pas fa captivité. Il a été facile de l'amener où l'on a voulu ; pour acquerir une preuve de féduction, on a pratiqué contr'elle un autre genre de féduction ; fa dépofition eft tournée avec beaucoup d'art, on a eu l'attention d'arranger les faits, de maniere qu'en chargeant le fieur de Courbon & la veuve Gorry, Madame de Moras fût épargnée.

On l'inftruit de ce qu'elle doit dire & de ce qu'elle doit taire ; on la fait fortir de fa prifon, on la tranfporte dans celles du Châtelet ; on lui impofe l'obligation d'aller à la face de la Juftice dépofer des faits qui ne peuvent que la couvrir de honte s'ils font vrais ; & s'ils font faux, l'accabler de remords qui ne finiront qu'avec fa vie.

En cet endroit fe prefente la queftion de fçavoir de quel poids peut être la dépofition de la Demoifelle de Moras.

1°. Si l'on pouvoit fuppofer que la Demoifelle de Moras fût ici une étrangere à qui l'affaire eft indifferente, l'article 4. du Titre de l'Ordonnance de 1670. porte que les Témoins feront enquis s'ils font ferviteurs, parens ou alliez des Parties, &

en quel degré ; la raison est que ces qualitez sont autant de reproches qui peuvent être proposez contre les Témoins. La Demoiselle de Moras est fille de Madame de Moras, qui dans le principe a été la Partie civile, & niece du feu sieur Perrin de Saint Cyr, qui en qualité de Tuteur honoraire, a demandé d'être reçû Partie intervenante.

Et qu'on ne dise pas que la Demoiselle de Moras est ici devenuë un Témoin necessaire ; car en general on ne peut ajouter une foi entiere & parfaite aux Témoins prétendus necessaires, & les affaires dans lesquelles on est obligé de les faire entendre ne sont pas de la nature de celle-ci. S'il survient un fait inopiné dans l'interieur d'une maison, il faut faire entendre les Domestiques du Plaignant, parce qu'il n'y en a aucun autre. On pourroit citer plusieurs autres exemples, ce sont autant d'exceptions à la regle, & on ne peut la multiplier qu'en détruisant les regles qui exigent que les Témoins soient absolument hors de tout soupçon. La Demoiselle de Moras n'est point constamment un Témoin de cette qualité, surtout quand sa déposition doit être le germe d'une condamnation à mort.

Car en matiere criminelle les Témoins sont les premiers Juges, ce sont leurs dépositions qui dictent les Jugemens ; le Juge ne peut donc examiner leurs qualitez avec trop d'attention, puisque de cet examen dépend le Jugement qu'il doit prononcer. La Demoiselle de Moras est-elle un Témoin à l'abri de tout soupçon ?

2°. C'est une enfant de quatorze ans : la mere a rendu plainte d'un rapt de séduction prétendu commis dans la personne de sa fille, quoiqu'elle n'ait point pris la qualité de Tutrice ; il n'est pas moins vrai que l'injure dont elle poursuit la vengeance, est commune à la mere & à la fille ; la fille est donc Témoin dans sa propre affaire.

3°. On a dû avoir d'autant moins d'égard à sa déposition, qu'elle est évidemment suggerée, & qu'on a eu l'attention criminelle de faire supprimer tous les faits qui alloient à la décharge des Accusez.

On prouvera dans le second Point que la prétenduë séduction, qui est le titre de l'accusation, est dans le principe l'ouvrage de Madame de Moras. On a eu grand soin dans sa déposition de mettre à l'écart tous ces faits relevez dans l'interrogatoire de la veuue Gorry qui accablent la mere, qui énervent & même anéantissent l'accusation.

Il y a plus, on fait dire à la Demoiselle de Moras que dans le tems que le sieur de Courbon lui a proposé le voyage, il lui envoya 80 louis d'or par Deschamps son Laquais, dans une boëte qui lui fut remise au Parloir ; on comprend de quelle importance est un fait de cette qualité. Si la Demoiselle de Moras eût été sans argent, elle n'auroit pû acheter une valise, des pistolets, ni louer une chaise de poste, ni faire la dépense du voyage : elle met tous ces frais sur le compte du sieur de Courbon ; mais sur ce fait c'est elle seule qui depose, la veuve Gorry n'en a rien dit, & il sera prouvé que les 80 louis d'or que le sieur de Courbon n'étoit pas en état de donner, lui ont été fournis par Madame de Moras.

Enfin la déposition finit en ces termes : *Qui est tout ce qu'elle a dit sçavoir*. C'est de tous les mensonges le plus évident.

Pour acquerir un second Témoin sur le fait des 80 louis d'or, on a fait entendre le Chapelain de l'Abbaye de Jercy, mais qui n'a deposé que de ce qu'il dit avoir oui dire à la Demoiselle de Moras, & même qui n'en a pas deposé de la même maniere : c'est ce qu'on verra dans la suite.

Quoi qu'il en soit, le Lieutenant Criminel a fait si peu de cas de la deposition du Chapelain, qui n'est qu'un oui dire, qu'il n'a pas même été confronté ; ainsi le fait des 80 louis d'or n'est prouvé que par la deposition de la seule Demoiselle de Moras, qu'on n'auroit pas dû faire entendre ; fille de la Plaignante, niece de l'oncle intervenant, Témoin dans sa propre affaire, Témoin, on ne craint point de le dire, manifestement suborné, à qui on a fait dire ce qu'on a voulu, à qui on a fait taire tout ce qui alloit à la décharge des Accusez.

A-t'on reflechi sur le personnage affreux qu'on a fait faire à la Demoiselle de Moras ? Une jeunesse imprudente la détermine à sacrifier son honneur pour aller à cent vingt lieues de Paris, se précipiter entre les bras d'un Gentilhomme qu'elle envisage comme devant être son mari ; elle le force par cette démarche, dont il n'y a jamais eu, & dont il n'y aura jamais d'exemple, à contracter mariage avec elle : ce projet échoué, elle est rendue à sa famille ; on poursuit le sieur de Courbon comme

me raviſſeur, qu'il eût été plus convenable pour la mere & pour les parens de prévenir par un ſage ſilence, un éclat dont les ſuites ne pouvoient être que funeſtes pour eux-mêmes : l'éclat fait, il leur faut du ſang ; la Demoiſelle de Moras, de Partie qu'elle eſt, eſt métamorphoſée en Témoin ; & après que ce qu'on veut lui faire dire a été préparé & étudié, elle eſt choiſie pour mettre le couteau dans la gorge des Accuſez, & pour leur porter le dernier coup.

Il y a en matiere criminelle un principe fondé ſur les Loix divines & humaines ; les Juges n'ont droit de condamner que ſur la depoſition de pluſieurs Témoins ; *in ore duorum vel trium teſtium ſtet omne verbum* ; il faut que les preuves ſoient auſſi claires que le jour, & que les Témoins ſoient à l'abri de tous reproches : quand des Témoins de cette qualité ont parlé, la conſcience des Juges eſt tranquille, ils ont condamné, parce qu'ils n'ont pû abſoudre.

La Gorry accuſée, eſt ſeul Témoin ; ce qui reſulte de ſes interrogatoires ne peut valoir que comme une ſeule depoſition ; ſur cette depoſition unique les Juges n'ont pû prononcer la peine de mort ; on y a joint la depoſition de la Demoiſelle de Moras, elle n'eſt d'aucun poids. On a dû s'attendre à l'effet qu'elle pourroit produire ; ſi c'eſt *ad movendum* qu'on l'a fait entendre, ce n'eſt point *ad judicandum* ; l'inſtruction en matiere criminelle ſe fait dans la plus exacte rigueur pour parvenir à la découverte des crimes : l'inſtruction faite, tout devient favorable aux Accuſez : une famille qui auroit dû mettre l'honneur au nombre des biens réels, a porté l'imprudence juſqu'à adminiſtrer à la Juſtice comme Témoin, une enfant de quatorze ans, qu'on ſe plaint d'avoir été deshonorée ; on l'engage, on la force à depoſer de faits qui mettent le comble à ſon deshonneur ; il ne falloit pas l'entendre ; après l'avoir entenduë, il n'a pas fallu la croire, il a fallu encore moins fonder un jugement de mort ſur ſa depoſition.

Et qu'on ne diſe point que le Public avoit prévenu le jugement. Le Public n'a vû ni pû voir le fond du Procès. On entend dire que la Demoiſelle de Moras à peine ſortie de l'enfance, a été enlevée du Couvent du Cherche-Midy, qu'elle eſt montée dans une chaiſe de poſte, qu'elle a pris la route de Poitou, qu'elle eſt arrivée au Château de Contré chez le ſieur de Courbon.

On apprend dans la ſuite qu'elle a épouſé le Sr de Courbon. Le Sr de Courbon eſt un Gentilhomme ſans fortune, dont l'âge a peu de proportion avec l'âge de la Demoiſelle de Moras ; on publie qu'il a trahi la mere, qu'il a ſéduit la fille ; on conſidere la fuite de la Demoiſelle de Moras comme un enlevement. Comment une enfant, ſi toutes ſes demarches n'avoient pas été concertées avec le ſieur de Courbon, auroit-elle conçû & executé un auſſi étrange projet ? Il eſt coupable, parce qu'il faut neceſſairement qu'il le ſoit, parce qu'il eſt impoſſible qu'il ne le ſoit pas. Toutes les filles dont la poſſeſſion eſt deſirable par les riches dots qu'elles apportent, ſont expoſées à un pareil malheur : les peres & les meres ſont alarmez, voilà le ſieur de Courbon condamné ; la Cour & la Ville exigent un exemple, il ne s'agit plus que de ſçavoir ſi coupable d'un ſi grand crime, il obtiendra grace. Le Public qui tient ces diſcours, eſt-il inſtruit ? les Juges doivent-ils mettre ces diſcours au nombre des preuves ? Leur devoir n'eſt-il pas de s'armer contre la prévention ? Quand il s'agit de condamner à mort, leur eſt-il permis de s'égarer dans la foule des gens qui parlent ſans ſçavoir ? Doivent-ils ſe laiſſer entraîner, ou n'être conduits que par des preuves juridiques de la qualité de celles qui ſont marquées par les Ordonnances ?

L'examen du Procès a dû diſſiper tous ces bruits. Les preuves ſe trouvent reduites aux aveux pleins de contradictions qu'on a fait faire à une Femme de Chambre intimidée, & à la depoſition de la Demoiſelle de Moras.

On dira qu'il faut joindre à ces preuves ce qui s'eſt paſſé avant & depuis l'évaſion de la Demoiſelle de Moras ; qu'elle ne ſe ſeroit pas portée à une auſſi violente extremité, ſi elle n'avoit pas agi de concert avec le ſieur de Courbon, s'il n'y eût pas eu un complot entr'elle & lui ; la Femme de Chambre en eſt, dit-on, convenuë, la Demoiſelle de Moras en a depoſé ; le mariage qui a ſuivi a été la conſommation du crime, on voit ce que les Loix appellent *conſilium & eventus*. Quel moyen de ne pas traiter le ſieur de Courbon comme ſéducteur, & de ne pas prononcer contre lui la peine de mort ? On ajoute que la Gorry qui a conduit l'intrigue avec le ſieur de Courbon, eſt pareillement digne de mort ; c'eſt une Domeſtique qui a abuſé de la confiance que la mere avoit en elle ; on l'a forcée de ſouſcrire à l'aveu de tous ces faits dans l'un de ſes interrogatoires, que c'eſt par ſon moyen que les Lettres du fieur de Courbon & de la Demoifelle de Moras, foit pendant que le fieur de Courbon étoit à Paris, foit depuis fon départ pour Contré, ont été renduës ; que la Gorry a été témoin des préparatifs de la Demoifelle de Moras pour s'échapper du Couvent du Cherche-Midy, qu'elle a feint d'ignorer que la Demoifelle de Moras partoit pour Contré ; que les menaces que la Demoifelle de Moras a paru dans la route faire à la Gorry, étoient un jeu concerté ; qu'on ne peut punir trop feverement une Domeftique qui a mis une jeune enfant fans experience entre les bras de fon ravifleur ; que c'eft la Gorry qui eft veriablement coupable de l'enlevement ; qu'enfin les moyens qu'elle a mis en ufage, dans l'efperance qu'elle s'en ferviroit pour fe difculper, ne peuvent fervir qu'à la rendre plus criminelle.

On a cru devoir raffembler en peu de mots tout ce qu'on peut oppofer contre les deux Accufez que la Sentence a condamné à perdre la vie.

Il faut commencer par l'éclairciffement des faits qui concernent le fieur de Courbon. Les faits à fon égard peuvent être divifez en trois époques.

La premiere, depuis le commencement de 1735. jufqu'au mois de Juillet 1737.

La feconde, depuis le mois de Juillet 1737. jufqu'au dernier Octobre fuivant.

La troifiéme, depuis le dernier Octobre jufqu'au jour où les oncles de la Demoifelle de Moras fe font chargez d'elle pour la ramener à Paris.

Dans le cours de la premiere époque, qui a duré pendant près de deux ans, il eft impoffible de trouver la moindre aparence, la moindre ombre de crime dans la conduite du Sr de Courbon ; c'eft néanmoins dans ce premier tems que la paffion de la Demoifelle de Moras a pris naiffance, qu'elle s'eft enracinée dans fon cœur, qu'elle s'y eft fortifiée, qu'elle a fait les progrès qui ont eu des fuites fi fâcheufes ; la Demoifelle de Moras aimoit le fieur de Courbon fans qu'il y eût aucune part, il la voyoit comme la fille de fa meilleure amie.

La feconde époque eft celle où l'on prétend que Madame de Moras, fans faire paroître la moindre aigreur, & continuant de voir le fieur de Courbon, lui a témoigné qu'il devoit ceffer les vifites qu'il rendoit à fa fille.

Quoique l'interrogatoire de la Gorry ne foit pas fuffifant pour condamner le fieur de Courbon, il lui eft permis d'y chercher la preuve de fon innocence ; on y voit que la Demoifelle de Moras inftruite d'une contradiction à laquelle elle ne s'attendoit pas, en devint malade ; qu'elle fe détermina à faire les avances, qu'elle écrivit au fieur de Courbon ; que le lendemain ayant apperçû dans la ruë le Laquais du fieur de Courbon, elle donna ordre à la Gorry d'appeller ce Laquais, qu'il vint, qu'elle lui donna un billet où elle lui faifoit des reproches ; que le fieur de Courbon lui fit réponfe qu'elle ne devoit point penfer à lui, que fa mere lui propoferoit un établiffement beaucoup plus avantageux.

Voici une féduction d'une efpece affez nouvelle.

La féduction, fuivant les Ordonnances, eft la fubornation d'un enfant mineur, à l'infçû, fans le gré, vouloir & confentement des peres, meres, tuteurs, &c.

Un majeur qui s'introduit auprès d'une mineure, qui fent ou feint une paffion qu'il veut infpirer, qui cherche avec expreffement les occafions de voir l'objet auquel il veut plaire, qui parle, qui écrit avec myftere ; qui pour parvenir à fon deffein, corrompt les Domeftiques, qui ufe de ftratagême pour tromper la vigilance des peres & des meres, qui après avoir fait mouvoir differens refforts, arrache une mineure du fein de fa famille, eft un féducteur puniffable de mort, fuivant les Loix.

Si des faits, ou autres de la même qualité, étoient dans l'interrogatoire de la Gorry, ou dans la dépofition de la Demoifelle de Moras, on répondroit pour le Sr de Courbon, qu'ils ne feroient pas fuffifamment prouvez pour avoir mis les Juges en état de prononcer contre lui la peine de mort ; mais les faits contraires refultent de l'interrogatoire de la Gorry, & la Demoifelle de Moras ne dit point dans fa dépofition que le fieur de Courbon ait été mécontent du changement de volonté de Madame de Moras, ni qu'il ait excité la fille à defobéir à fa mere ; jufqu'à ce moment il n'eft coupable d'aucune féduction. Il a vû dans un tems la Demoifelle de Moras au vû, fçû & confentement exprès de Madame de Moras ; il a ceffé de la voir auffi-tôt que Madame de Moras lui a fait part de fes réflexions : il a fait plus, la Gorry declarequ'il a tâché de ramener la Demoifelle de Moras dans les termes de l'obéiffance. Cette conduite ne fut jamais celle d'un féducteur.

Mais, dit-on, la Gorry a dit dans fon interrogatoire que les Lettres que la Demoifelle de Moras & le fieur de Courbon s'écrivoient étoient renduës par le moyen d'un petit panier à ouvrages, que la Gorry defcendoit la nuit, pendant à une ficelle, dans lequel étoient les Lettres: que le fieur de Courbon avoit donné à la Demoifelle de Moras le modele de la Lettre qu'elle devoit écrire de Poitiers à fa mere: que depuis le départ du Sr de Courbon, pendant fon voyage & fon féjour à Contré, il a écrit plufieurs Lettres qui étoient adreffées à la nommée Groflay Couturiere, & par elle renduës à la Gorry. Enfin la Demoifelle de Moras a dépofé des mêmes faits, & que c'étoit le fieur de Courbon qui lui avoit donné les 80 louis d'or qui ont fervi aux préparatifs & à la dépenfe du voyage de Paris à Contré.

De ces quatre faits réunis, on forme la preuve de la féduction.

Mais, 1°. Les trois premiers faits ne font prouvez que par l'interrogatoire de la Gorry, fruit des menaces & de la furprife, & par la dépofition de la Demoifelle de Moras; la Gorry n'eft qu'un feul Témoin, *unus teftis, nullus teftis.* La Demoifelle de Moras n'a pû ni dû être entenduë; fa dépofition, comme on l'a remarqué, n'a produit aucun genre de preuve.

2°. S'il y avoit quelque réalité dans ces faits, on en concluroit que le fieur de Courbon, depuis qu'il a ceffé de voir la Demoifelle de Moras, a été plus de deux mois à Paris; que depuis qu'il eft forti de Paris, deux autres mois fe font écoulez. Les Lettres qu'on prétend qu'il a écrites auroient apparemment été renduës à la Demoifelle de Moras; elle eft fortie de fon Couvent le 26 Octobre, les Lettres fi elles les eût reçûes, feroient tombées entre les mains de Madame de Moras : on n'a pas rapporté une feule ligne de la main du fieur de Courbon, il y a donc preuve au Procès qu'il n'a point écrit.

Dira-t-on que les Lettres ont été brûlées? Elles n'exiftent donc point; il n'eft point prouvé qu'elles ont été brûlées, la Gorry ni la Demoifelle de Moras n'en ont rien dit; & fi ce fait étoit prouvé, il faudroit prouver encore ce qui étoit dans les Lettres.

3°. La feule Lettre qui eft au Procès eft celle de la Demoifelle de Moras, écrite de Poitiers à Madame fa mere; elle a été regardée comme inutile, elle n'a pas même été ni reconnue ni vérifiée; la prévention des premiers Juges a été fi exceffive, qu'ils ont eu l'attention de l'écarter, parce qu'elle pouvoit fervir à la décharge des Accufez.

On oppofe encore que le fait des Lettres écrites par le fieur de Courbon de Contré à Paris, eft prouvé par l'interrogatoire de la Groflay.

Ce qui refulte uniquement de l'interrogatoire de la Groflay, eft qu'elle a reçû des Lettres adreffées à la Gorry, qu'elle les lui a renduës, fans que la Groflay ait connu celui qui les écrivoit, & par cette raifon elle a été renvoyée de l'accufation. Il n'y a donc point de preuve que le fieur de Courbon ait entretenu aucun commerce de Lettres avec la Demoifelle de Moras pendant fon féjour à Contré.

Enfin il faut en cet endroit reprendre le fait important des 80 louis d'or, dont la Demoifelle de Moras eft l'unique Témoin qui ait dépofé.

Un fait de cette importance n'auroit pas échapé à la penetration du Lieutenant Criminel; il étoit naturel qu'il demandât à la Gorry d'où la Demoifelle de Moras avoit tiré l'argent qui lui étoit neceffaire, pour les préparatifs & pour les frais de fon voyage. La Gorry, à qui on s'eft efforcé de faire faire le perfonnage d'une Accufée qui vouloit perir, n'auroit pas manqué de déclarer le fait, s'il eût été vrai. Il n'a été imaginé que lorfqu'on a fait entendre la Demoifelle de Moras; on lui a fait dire que les quatre-vingt Louis d'or lui ont été donnez de jour dans fon parloir, dans une boëte par le nommé Defchamps Laquais du fieur de Courbon.

A la dépofition de la Demoifelle de Moras on a joint celle du Chapelain de Jercy, qui dépofe avoir oui dire à la Demoifelle de Moras que les quatre-vingt Louis d'or lui ont été donnez la nuit dans un panier de marli pendant à la fenêtre, par le Laquais de la Demoifelle de Moras.

Ainfi la difference entre les deux dépofitions eft de la nuit au jour, d'un panier de marli à une boëte, d'un parloir à la fenêtre, & du Laquais de la Demoifelle de Moras au Laquais du fieur de Courbon, & ces differences ont été la caufe que le Chapelain de Jercy n'a point été confronté. Si on eut fait ufage de cette dépofition differente de celle de la Demoifelle de Moras, la contradiction eût été trop évidente.

La confequence eft que dans le cours de la feconde époque depuis le mois de Juillet 1737. jufqu'au 31 Octobre fuivant le fieur de Courbon n'eft point char-gé d'aucune feduction.

La troifiéme époque eft depuis le 31 Octobre jufqu'au jour où les oncles de la Demoifelle de Moras l'ont fait partir de Contré pour la ramener à Paris.

Dans le cours de cette troifiéme époque, le fieur de Courbon eft coupable du mariage qu'il a contracté avec la Demoifelle de Moras.

Ce point a été traité dans la Confultation du 14 Juillet prefent mois. S'il n'y a au-cune preuve de feduction au procès dans le cours de la premiere & de la feconde époque, il faut fe borner uniquement au fait du mariage ; c'eft le feul délit qui puiffe être imputé au fieur de Courbon.

On fe recriera en vain qu'il n'eft pas à préfumer que la Demoifelle de Moras foit fortie de fon Couvent pour aller à 120 lieues chercher le fieur de Courbon, fi ce projet n'avoit pas été concerté entr'eux. On ne fonde point un Jugement de mort fur des préfomptions, il faut des preuves, & des preuves de la qualité de celles qu'exige l'Ordonnance ; ce qui n'eft pas prouvé clairement, ce qui eft douteux, ce qui eft problematique, eft confideré à l'égard des Accufez comme n'ayant point été : une condamnation à mort n'eft point fuppléée par des raifonnemens, toujours fufceptibles de differentes vûes, fur-tout quand la verité a pû être éclaircie par des preuves juridiques.

Par ce qui a fuivi on prétend trouver la preuve de ce qui a précedé ; car il ne faut pas perdre de vûe le feul argument qui a pû déterminer les Juges à prononcer la peine de mort : il faut fuppofer que la Demoifelle de Moras ne fe feroit pas refolüe à fortir de fon Couvent, & n'auroit pas rifqué un voyage de 120 lieues, fi précedemment il n'y avoit pas eu des mefures prifes entr'elle & le fieur de Courbon : fuppofons ces mefures prifes, comme ils ne fe voyoient point depuis quatre mois, on en conclut qu'ils s'écrivoient.

1°. Si des lettres feules ont pû déterminer la Demoifelle de Moras à une action dont aucune autre n'auroit été capable, on peut pareillement en conclure qu'elle a de fon propre mouvement fait ce qu'elle a fait, fans qu'elle ait eu befoin, pour y être excitée, d'aucuns fecours étrangers. La paffion qu'elle nourriffoit dans fon cœur, dont le fieur de Courbon, qui depuis quatre mois ne la voyoit plus, n'eft point coupable, a pû être fon unique motif.

2°. Elle a déclaré, dans fa dépofition du 29 Mars, que le fieur de Courbon & elle s'écrivoient reciproquement.

Ce qu'elle a déclaré, pour pallier fa faute au milieu d'une famille animée con-tr'elle, n'eft point une preuve, elle n'a pû être entendue comme témoin.

La Gorry a dit la même chofe.

Ce qu'on a fait dire à une accufée reduite au defefpoir n'eft preuve ni contre les Accufez, ni contre elle-même ; il n'y a pas même d'apparence que le fait foit vrai ; il s'agit de lettres, que font-elles devenues ? que contenoient ces lettres ? La Gorry dans fon premier interrogatoire déclare que le fieur de Courbon confeilloit à la De-moifelle de Moras de ne point penfer à lui, qu'elle feroit maltraitée par fa famille, qu'il fouffroit lui-même de ce qu'elle fouffroit pour l'amour de lui.

Les premiers Juges ont donc prononcé la peine de mort fur des lettres qu'ils n'ont point vûes, dans lefquelles ils ont fuppofé le contraire de ce qui a été déclaré par la Gorry, qui a été l'unique témoin de ce fait.

On prétend avoir fait dire à la Gorry que le fieur de Courbon a envoyé à la De-moifelle de Moras un projet de lettre qui contenoit ce qu'elle devoit écrire en route à fa mere, avec un autre papier qui l'inftruifoit de ce qu'elle devoit faire, & qui lui marquoit de ne le montrer à perfonne, pas même à elle Gorry ; que cepen-dant ayant jetté les yeux, elle s'étoit recriée à la Demoifelle de Moras, que voulez-vous donc faire ? à quoi elle répondit, je ne devois pas vous le montrer ; & la Gorry ajoute qu'elle ne fçait pas qu'elles étoient ces inftructions.

A travers ces nuages les premiers Juges ont reconnu qu'il falloit condamner à mort. On ne les foupçonnera pas de menager le fang des hommes. On avoüe qu'en matiere criminelle il eft permis aux Juges de divifer la confeffion des accufez ; mais cette maxime fujette à de grands inconveniens, doit être entendue avec fes reftric-tions. La Gorry témoin unique dépofe d'une lettre & d'un projet que le hafard lui a fait découvrir entre les mains de la Demoifelle de Moras ; elle ne dit point qu'el-les fuffent écrites de la main du fieur de Courbon, elle n'a fait que jetter les yeux

9

fûr le projet ; elle n'a point fçû quelles étoient ces inftructions ; les premiers Juges
ont été affez éclairez pour voir ce ce que la Gorry déclare n'avoir point vû. Où eft
la lettre ? Où eft le projet ? Rien n'a été capable de les arrêter.

La lettre, le projet qu'on n'a point vû, & qu'a dit la Gorry, font autant de faits
qui choquent la vrai-femblance : il faut aller jufqu'à dire que tout étoit difpofé pour
l'évafion de la Demoifelle de Moras dans le tems que le fieur de Courbon, qui
eft forti de Paris au commencement de Septembre, y étoit encore, c'eft-à-dire
que ce prétendu projet eft demeuré fans execution pendant plus de deux mois ; voilà
un grand fang froid pour une Demoifelle de 13 ans, agitée de la plus furieufe paffion qui ait jamais été.

Mais fans fe livrer aux raifonnemens, l'induction de ces faits s'évanouit, parce
que s'ils ont été confiez à un écrit qu'on ne voit point, & qu'il n'en parût aucunes
traces, fi on le reprefentoit, le fieur de Courbon pourroit y trouver fa juftification ; ces faits ne roulent que fur une unique dépofition, qui n'a pû fervir de motif aux condamnations à mort prononcées contre le fieur de Courbon & contre la
Gorry.

A la fuite de ce qui concerne le fieur de Courbon il faudroit rendre compte des
faits qui regardent la Gorry, mais leur défenfe eft commune dans un grand nombre
de faits, c'eft ce qui va être fait dans l'examen du fecond point, où il s'agit d'é-
tablir que quand les preuves qui manquent, feroient au procès, les premiers Juges qui n'ont pas voulu connoître les vrais coupables, n'ont pas pû prononcer la
peine de mort, ni contre le fieur de Courbon, ni contre la Gorry.

Pour l'établiffement de ce fecond point, & pour marcher furement, on doit com- SECOND POINT.
mencer par fuppofer certains faits qui font conftans, & connus de tous ceux qui
frequentoient la maifon de Madame de Moras décédée au mois de Janvier dernier,
après avoir furvêcu pendant 4 ou 5 ans M. de Moras.

La Demoifelle de Moras pendant la vie de fon pere avoit eu pour Gouvernante
la Demoifelle de la Selle, & pour femme de Chambre la veuve Gorry. La Demoifelle de Moras, quoiqu'elle n'eût alors que 8 ans, n'étoit point confiderée comme un enfant ordinaire ; elle fut mife dans le Couvent du Cherchemidi ; Madame de Moras ne pouvoit pas mieux faire : une maifon opulente, où les plaifirs &
les amufemens font la principale occupation de ceux qui l'habitent, & des gens
qui s'y rendent, eft un féjour dangereux pour une jeune fille. Mais il s'en falloit beaucoup que la Demoifelle de Moras fît une refidence perpetuelle dans le Couvent ;
elle y étoit moins fouvent que chez Madame de Moras ; où elle paffoit une partie
de l'année, foit à Paris, foit en campagne. L'ennui qui nait du féjour dans le
Couvent étoit tempeté par l'efperance d'un mariage prochain, & par une exceffive liberté. Elle avoit un grand appartement qui communiquoit à un Parloir, où
elle voyoit des gens du dehors, où elle pouvoit donner à manger ; elle avoit une
Gouvernante & une femme de Chambre, la Gouvernante fut congediée, la Gorry
refta feule toujours en qualité de femme de Chambre.

A 11 ans Madame de Moras deftine pour mari à la Demoifelle de Moras le fils
de M. le Comte de la Mothe Houdancourt, coufin du fieur de Courbon ; elle les
invite tous d'aller au mois de Septembre 1736. paffer deux mois à Cherperine, l'une
de fes Terres : dans ce lieu où étoit la Demoifelle de Moras, tous les plaifirs que
peut imaginer la plus fine & la plus ingenieufe galenterie fe réuniffent, fe multi-
plient, fe renouvellent ; on revient à Paris : le fils de M. le Comte de la Mothe
tombe malade & meurt, M. le Comte de la Mothe-Houdancourt & le fieur de
Courbon continuent à voir Madame de Moras ; le fieur de Courbon devient également cher à la mere & à la fille : la mere l'invite à prendre chez elle un appartement ; il voyoit la Demoifelle de Moras quand elle venoit chez Madame fa
mere, il fe faifoit conduire par un caroffe de la maifon au Couvent du Cherchemidi : les vifites du fieur de Courbon ne pouvoient être plus marquées ; la mere
ne les ignoroit pas ; pour peu qu'elles fuffent interrompues, elle lui en faifoit des
reproches tendre & obligeans.

Que pouvoit penfer la Demoifelle de Moras ? elle croyoit trouver dans la perfonne du Sieur de Courbon le mari que fa mere lui deftinoit.

Si les Accufez avoient le droit de faire entendre des Témoïns, il ne feroit pas
difficile de prouver que la mere penfoit comme fa fille.

Mais n'en trouve-t'on rien dans le Procès ? La féduction eft le crime principal

C

d'où naît tout ce qui a suivi : la feduction eft détruite, que deviendra le furplus ? les feules Pieces oppofées aux Accufez, font les interrogatoires de la veuve Gorry, & la dépofition de la Demoifelle de Moras.

On a obfervé fur le premier point, qu'on n'a pas pû trouver dans fes Pieces de de quoi affeoir la peine de mort prononcée contre les Accufez ; quand on les examine avec attention, on y trouve leur juftification, & les Accufez aufquels ils ne peuvent être oppofez, font en droit d'en tirer avantage.

Il y a un projet formé de marier la Demoifelle de Moras avec le Sieur de Courbon : la preuve en eft dans la conduite de Madame de Moras ; une mere qui n'en auroit pas eu le deffein, auroit agi bien differemment.

Le fils de M. le Comte de la Mothe étant mort, Madame de Moras jette les yeux fur le Sieur de Courbon.

Elle lui donne une retraite dans fa maifon : la mere & la fille qui venoient de tems en tems chez fa mere, faifoient avec le Sieur de Courbon des parties de bal & de fouper.

Le Sieur de Courbon prenoit un caroffe de la maifon pour aller voir la Demoifelle de Moras dans fon Couvent, & ces vifites étoient ordinairement les matins, parce qu'elle étoit feule.

Elles n'étoient pas ignorées de la mere, elle les approuvoit, elle en faifoit des reproches quand il y manquoit.

Il fort de chez Madame de Moras pour aller loger dans le voifinage du Couvent, afin d'être plus à portée de voir la Demoifelle de Moras.

L'un & l'autre font enrhumés, Madame de Moras fait donner à fa fille du lait coupé tous les matins ; & elle ordonne à la Gorry d'en faire porter chez le Sieur de Courbon.

La Gorry alarmée de la paffion de la Demoifelle de Moras, écrit, voit Madame de Moras ; elle lui fait connoître les confequences des vifites affidues du Sieur de Courbon, elle fait des inftances, Madame de Moras lui ordonne de ne point s'en embaraffer ; la Gorry revient à la charge, Madame de Moras répond qu'on eft bien malheureux d'avoir affaire à des bêtes ; la Gorry ouvre les yeux, & lui dit qu'elle a compris fes ordres, & qu'elle les executera, puifquelle le veut.

Madame de Moras fait des reflexions, & peut-êtrre de concert avec le Sieur de Courbon, lui confeille en continuant de le voir, de ne plus voir fa fille.

Il obéit ; la Demoifelle de Moras tombe dans la melancolie ; fi on en croit le fecond interrogatoire de la Gorry, la Demoifelle de Moras écrit au Sieur de Courbon, & le Sieur de Courbon lui fait réponfe qu'elle ne doit point penfer à lui, qu'elle doit accepter le parti qui lui fera offert par fa mere.

La Demoifelle de Moras croit que le moyen de déterminer fa mere, & de la mettre à couvert de la contradiction de fes oncles paternels, eft de tout entreprendre.

Tous ces faits font prouvez par les interrogatoires de la Gorry, quelle en eft la confequence ? s'il y a un coupable, c'eft Madame de Moras qui a introduit auprès de fa fille le prétendu feducteur, qui a vû naître la paffion dans le cœur de fa fille, qui en a connu tous les progrès, qui loin d'en être alarmée, s'en eft rejouie, qui a joué le plus indecent de tous les jeux ; car il eft prouvé que quand la Gorry a voulu faire fentir à Madame de Moras les confequences, Madame de Moras a répondu : c'eft un enfant, en deux ou trois mois elle n'y penfera plus ; que la Gorry lui a dit & repeté : ne vous y trompez pas, c'eft une fille decidée, capable de porter les chofes à l'extremité.

Qu'auroit dû faire une femme raifonnable, fi elle n'avoit pas cru que le Sieur de Courbon fût un parti convenable à fa fille ? La Gorry dit que la Demoifelle de Moras n'eft pas en fûreté dans le Couvent du Cherche-Midy, qu'elle a un appartement où elle reçoit compagnie, qu'on y bâtiffoit, & que tout y étoit ouvert. Madame de Moras aux inftances de la Gorry, devoit faire revenir fa fille dans fa maifon, ou la mettre dans un autre Couvent, il n'y avoit pas à balancer ; elle a voulu tout rifquer, perfuadée, comme elle le difoit, que les meilleurs mariages font ceux où le cœur a eu part, qu'elle s'en étoit bien trouvée, en époufant fans le confentement de fon pere, M. de Moras. Quel effet peut produire une telle morale debitée par une mere à une fille de treize ou quatorze ans ? Le crime porté par fa plainte, eft

un rapt de feduction ; mais comme elle s'en reconnoît coupable , elle n'ofe accufer
le Sieur de Courbon ; elle fuppofe que le crime eft commis par *gens inconnus* ; elle
ajoute que fa fille n'étant âgée que de treize ans ouviron , elle ne peut avoir été ex-
pofée à cet évenement , que par la fuite d'une feduction tramée il y a long-tems ,
*dont la plaignante n'a jamais eu aucun foupçon.*

Comment a-t'on pû faire tenir ce langage à Madame de Moras ? La Demoifelle
de Moras auroit-elle été feduite par *gens inconnus ?* ignoroit-elle que le Sieur de
Courbon la voyoit ? La plainte eft du 3 Novembre ; le 2 Novembre elle avoit reçû
la Lettre que fa fille lui avoit écrite de Poitiers.

On lui fait dire qu'elle a refolu de pourfuivre les feducteurs & ceux qui ont aidé à
l'enlevement , à mefure qu'elle en fera la decouverte.

Ce qui fuit eft encore plus important ; elle eft affurée que fa fille a pris la route
de Contré pour y chercher le Sieur de Courbon , *elle entend differer fes pourfuites*
jufqu'à ce qu'elle ait de nouveaux éclairciffemens. C'eft avouer qu'elle ne fe plaint
que parce qu'elle ne peut refifter aux inftances des oncles de fa fille , & que comme
par les éclairciffemens qui furviendront , fa fille fe trouvera dans la maifon du Sieur
de Courbon , Madame de Moras ne prétend point fuivre fa plainte contre le Sieur
de Courbon qui n'eft point feducteur.

Qu'on fe rappelle ce qui a été dit dans la Confultation du 14 Juillet.

L'article 42. de l'Ordonnance de Blois prononce la peine de mort contre ceux
qui fe trouveront avoir fuborné fils ou filles mineurs , fous pretexte de mariage ou
autre couleur , fans le gré , fçu , vouloir & confentement exprès des peres , meres
& tuteurs.

On ne peut pas dire que Madame de Moras foit dans le cas de l'Ordonnance.
Une mere qui a jetté les fondemens de la feduction , ne peut plus fe plaindre des
progrès d'une paffion qui a fait des ravages qu'elle auroit dû prévoir ; fon devoir étoit
de s'y oppofer dans le principe.

Elle a vû naître la paffion de fa fille , & quoique peut-être il ne fût plus tems de
la reprimer , elle n'a pas même fait ce qu'elle auroit dû faire pour en empêcher
les fuites ; on ne voit pas un inftant où elle ait ceffé d'être coupable ; quand la
Demoifelle de Moras étoit dans fon Couvent , le Sieur de Courbon avoit la
liberté de la voir en particulier ; fi elle alloit chez fa mere , elle l'y retrouvoit , foit
à Paris , foit à la Campagne ; les amufemens les plus vifs , les plaifirs les plus fedui-
fans , les lectures dangereufes , la danfe , la mufique , la bonne chere , font autant
de pieges tendus à la jeuneffe , à l'innocence de la Demoifelle de Moras.

Après avoir expofé la Demoifelle de Moras à tant de perils , Madame de Moras
convaincue que fa fille eft prête à tomber dans le pécipice , devoit du moins lui faire
violence pour prévenir la chute.

Que dira-t'on de la Demoifelle de Moras ? quand il feroit prouvé que depuis que
le Sieur de Courbon a ceffé de la voir , les liaifons entr'eux auroient continué ;
qu'il y auroit eu des Lettres écrites de part & d'autre ; qu'il auroit été convenu qu'elle
iroit trouver le Sieur de Courbon dans le fond du Poitou , quand on rapporteroit
des écrits qui auroient inftruit la Demoifelle de Moras de ce qu'elle devoit faire ;
quand il auroit applani tous les obftacles : une Demoifelle de l'âge de la Demoifelle
de Moras , qui a des fentimens , de l'éducation , des principes de religion , de la
pudeur , ne franchit point ouvertement les regles de la modeftie & de la bien-
feance, fi elle n'eft pas d'accord avec fa mere. La timidité eft un des apanages de fon
fexe ; ce qu'auroit pû dire ou écrire le Sieur de Courbon , n'auroit pas dû la raffurer.

Si congedié par la mere , il s'étoit opiniâtré à continuer fes affiduitez , dont depuis deux ans la Demoifelle de Moras s'étoit fait une douce habitude ; fi pour for-
tifier fa paffion il lui en avoit témoigné une reciproque , fi par fa prefence il eût entretenu le feu que l'abfence devoit éteindre , s'il avoit employé les refforts que les
Amans vrais ou faux font mouvoir ; s'il eût déterminé la Demoifelle de Moras à
fe laiffer enlever , fous la promeffe de l'époufer , ou autrement ; on l'envifageroit
comme coupable ; le fieur de Courbon eft deux mois à Paris fans voir la Demoifelle
de Moras , il quitte la partie , il s'éloigne.

On dit qu'il a écrit , les lettres auroient fait une furieufe impreffion fur une enfant
de 13 ans ; fi d'auffi foibles armes ont pû fubjuguer la Demoifelle de Moras au
point de la déterminer à renoncer à ce qu'elle a de plus cher , à fon devoir , à fa
famille , à elle-même , à s'expofer au rifque d'être méprifée par celui pour qui elle

faifoit tous ces facrifices; une conquête fi facile exclut toute idée de feduction: L'innocence feduite eft fous la protection des Loix, & quand on dit qu'il faut faire un exemple, il n'eft point à craindre que celui de la Demoifelle de Moras foit fuivi.

Mais dans le fait la Demoifelle de Moras n'a été excitée, ni par les difcours, ni par la prefence, ni par les lettres du fieur de Courbon; il n'y en a aucune preuve au procès, & cela fuffit pour garantir la tête du fieur de Courbon.

La Juftice doit pefer dans la balance tous les faits.

On mettra d'un côté ceux de la premiere & de la feconde époque; on mettra de l'autre les faits de la troifiéme époque.

Dans la premiere & la feconde tout condamne Madame de Moras : elle ne devoit pas expofer fa fille dans un âge tendre, où elle n'étoit pas affez forte pour fe combattre elle-même. Dans la troifiéme époque le fieur de Courbon n'a pas eu raifon de contracter mariage avec la Demoifelle de Moras; il devoit fuir & la laiffer chez lui, jufqu'à ce que fa famille jugeât à propos de la venir reprendre. Bien des gens auroient condamné fon procedé, il n'auroit donné aux Juges aucune prife fur lui.

Le mariage, qui eft le feul reproche qu'on puiffe faire au fieur de Courbon, ne fait dans le fond aucun tort réel ni à la Demoifelle de Moras, ni à fa famille; il étoit indifferent à cette famille de la retrouver fille ou femme : ce qui a précedé fon évafion, la lettre qu'elle a fuppofé être de fa mere, le marché où elle a figné le nom de Courcelles, fon voyage dans une chaife de pofte, le courage qu'elle a eu de s'expofer à tous les rifques qui en pouvoient arriver, font autant de faits qui lui font très-perfonnels; fi fon honneur étoit reparable, ce ne pourroit être que par un mariage.

Quand toutes ces circonftances auront été pefées au poids du fanctuaire, le fieur de Courbon, & la Gorry plus malheureufe que coupable, n'ont rien fait qui ait merité la peine de mort.

La conduite de Madame de Moras, fi elle vivoit, ne pourroit exciter contre elle que l'indignation des Juges.

Les parens feront-ils plus favorables que la mere? Il leur faut du fang, l'echafaut; la potence, les galeres, les banniffemens font les dignes fruits qu'ils efperent de recueillir de leurs pourfuites; des gens fenfez qui ont de l'honneur auroient penfé differemment; la reparation de l'honneur de la Demoifelle de Moras les devôit occuper uniquement.

Ils ont travaillé efficacement à mettre le comble au deshonneur d'un enfant, dont la faute auroit pû être excufée par fon défaut d'experience, dont le tems auroit pû effacer le fouvenir; le parti du filence étoit le feul qui lui convenoit; ils devoient la laiffer dans fa retraite, ils l'en font fortir pour la faire entendre comme témoin, après l'avoir inftruite de ce qu'elle doit dire, & de ce qu'elle doit taire, c'eft-à-dire après l'avoir fubornée; car fa dépofition eft la preuve de la fubornation; mais il n'eft pas moins conftant que ce qu'ils lui ont fait dire la couvre d'opprobre; ils font plus, ils lui font fubir une vifite, * auffi inutile qu'informe; monument auténtique d'ignominie, qui demeurera à perpetuité dans les Regiftres du Châtelet: une conduite qui fait tant d'horreur, ne merite pas la protection des Loix.

L'incompetence du Lieutenant Criminel du Châtelet a été relevée dans la Confultation du 14 Juillet.

Ce point de l'affaire eft d'autant plus important, qu'il a fallu dans le cours de la procedure fuppofer une feduction commencée à Paris, dont aucun des Accufez n'a été coupable, & imaginer des expediens pour donner une realité à un crime imaginaire, afin par une efpece de droit de fuite que le Lieutenant Criminel devînt Juge competent de ce qui s'eft paffé hors du Reffort du Châtelet.

Il n'y a rien dans tout ceci qui ne revolte le bon fens. Pour s'en convaincre, il faut non feulement reprendre les trois époques dont on a parlé, mais encore conftater ce qui concerne chacun des Accufez.

Le fieur de Courbon eft accufé de féduction; s'il y a eu une feduction, il eft certain qu'elle n'a point commencé à Paris. La placera-t-on dans la premiere époque qui remonte à 1735.& qui finit au mois de Juillet 1737? la feule preuve qu'on trouve au procès eft, que le fieur de Courbon voyoit la Demoifelle de Moras de l'agrement, & même par ordre de Madame de Moras.

On ne trouve pas plus d'apparence de feduction dans la feconde époque qui a
dure

duré depuis le mois de Juillet 1737. jufqu'à la fin du mois d'Octobre fuivant. De ces quatre mois le fieur de Courbon a paffé deux mois à Paris, dont il eft parti au commencement de Septembre pour aller à Contré, lorfqu'il a plû à la Demoifelle de Moras de l'y venir trouver le dernier Octobre; dans le cours de ces quatre mois il faut fçavoir ce qu'on peut reprocher au fieur de Courbon.

Il eft certain qu'il n'a point vû la Demoifelle de Moras, quoique depuis le mois de Juillet, jufqu'au mois de Septembre il ait continué d'être à Paris, & de voir Madame de Moras.

On dit que pendant ces quatre mois il a écrit à la Demoifelle de Moras, qu'il lui a tracé le plan de fa conduite; qu'il lui a envoyé le modele de la lettre qu'elle devoit écrire à fa mere.

1°. Une feduction qui ne feroit fondée que fur des Lettres; feroit-elle puniffable de la peine de mort? des Lettres font-elles capables de faire une impreffion fi vive dans un cœur qui par lui-même ne feroit pas difpofé à la feduction?

2°. Que contiennent ces Lettres? où font-elles! elles devroient être le corps du délit, elles ne font point au Procès; ce corps du délit eft ce qui doit conduire le Juge dans l'inftruction; s'il n'eft point prouvé que le Sieur de Courbon ait écrit de Paris ou de Contré, comment le Lieutenant Criminel a-t'il pû imaginer qu'il étoit competent? il n'a pû fonder fa competence que fur un délit exiftant commis dans fon Reffort; il part néantmoins d'une feduction commencée à Paris; la feduction tombe fi les Lettres ne font point reprefentées.

3°. La Gorry ( car on ne parle point de la dépofition de la Demoifelle de Moras) la Gorry feule a depofé des Lettres.

Sa dépofition remplace-t'elle le corps du délit qui n'exifte point? dans tous les crimes, le premier point, qui établit la competence du Juge, eft de conftater le corps du délit; il s'agit d'une feduction qui ne peut avoir commencé à Paris, qu'en fuppofant des Lettres qui ne paroiffent point.

4°. Ce n'eft point ici le cas d'appliquer le droit de fuite, qui tend à renverfer l'ordre judiciaire.

Un Accufé pourfuivi pour un crime devant un Juge competant, fera convaincu d'en avoir commis dans d'autres Jurifdictions; le Juge qui inftruit ne le renvoyera pas devant les differens Juges qui auroient pû connoître des autres crimes; mais il faut que le crime dont le Juge eft faifi foit une réalité. Le droit de fuite qui eft le pretexte de la procedure du Châtelet, eft une chimere.

Enfin l'Ordonnance attribue la connoiffance aux Juges des lieux où ils ont été commis; l'Ordonnance ne dit point où ils auront été commencez; la raifon eft qu'un crime n'eft crime que dans le moment où il eft commis; fi un crime a été projetté dans un lieu, & commis dans un autre, c'eft le feul Juge du lieu où le crime a été commis; qui a droit d'en connoître.

L'inftant fâcheux dans lequel le fieur de Courbon eft devenu coupable eft celui où il a contracté mariage avec la Demoifelle de Moras; jufqu'à cette troifiéme époque il étoit innocent & irreprehenfible: Madame de Moras auroit-t'elle pû informer contre le fieur de Courbon de ce que dans fa maifon & en fa prefence il avoit vû la Demoifelle de Moras, & des vifites que de fon aveu il lui avoit rendues dans le Couvent? auroit-t'elle pû informer des lettres écrites fans les reprefenter, depuis que le fieur de Courbon avoit ceffé de la voir? auroit-t'elle pû informer contre lui des fentimens qu'il avoit laiffé dans le cœur de fa fille; même de la fortie de la Demoifelle de Moras de fon Couvent en l'abfence du fieur de Courbon? auroit-t'elle même pû informer de la retraite qu'il lui avoit donnée, arrivant à Contré; fi le fieur de Courbon ne l'avoit pas époufée? Le mariage eft l'unique délit qu'on puiffe lui imputer; le mariage eft contracté à Contré; le délit a commencé, & a été confommé à Contré, le Lieutenant Criminel eft donc incompetent.

La Gorry eft accufée d'avoir été complice de la feduction, où le crime qu'on lui impute a-t'il été commis? elle eft conftamment innocente dans le cours de deux époques; ce n'eft point elle qui a introduit le fieur de Courbon auprès de la Demoifelle de Moras; Madame de Moras approuvoit fes vifites; la Gorry effrayée des fentimens de la Demoifelle de Moras, en a craint les fuites; elle en a donné avis à la mere verbalement, & par écrit, Madame de Moras s'en eft moquée;

on ne prouve point que la Gorry ait rien reçû, ni même qu'on lui ait rien promis.

Ce qu'on lui impute est d'avoir fait tenir des Lettres du sieur de Courbon à la Demoiselle de Moras, d'avoir sçû que la Demoiselle de Moras avoit formé le dessein de sortir du Couvent du Cherchemidy, qu'elle a été témoin des préparatifs pour le voyage, qu'elle est convenue qu'elle feindroit d'ignorer que la Demoiselle de Moras alloit à Contré, qu'en chemin elle paroîtroit avoir été contrainte par menaces à suivre sa Maîtresse.

On suppose que la Gorry a sçû & tû, voilà le crime de la Gorry commis à Paris; d'où l'on peut induire que le Lieutenant Criminel a été competent; s'il eût été competent, il n'auroit pû la condamner à mort: avoir sçû & tû n'est punissable de mort que dans le cas de crime de Leze Majesté; d'ailleurs la Gorry avoit donné un si grand nombre d'avertissemens, tous inutiles, tous rebutez, Madame de Moras avoit tant dit de fois qu'elle ne vouloit plus en avoir la tête rompuë; que la complaisance que la Gorry a eu d'accompagner la Demoiselle de Moras est moins un crime qu'une foiblesse; qu'eût t'elle fait entre une mere qui paroissoit incredule, parce qu'elle vouloit l'être, & une jeune personne qui vouloit être obéie, & qui menaçoit de se livrer aux dernieres extrêmitez.

Mais comme on n'examine ici que la competence, il est certain qu'en supposant la Gorry criminelle, le sieur de Courbon est le principal accusé, & si le Lieutenant Criminel à l'égard du sieur de Courbon est incompetent, il l'est pareillement à l'égard de la Gorry: il ne peut être Juge de l'une, s'il ne l'est pas à l'égard de l'autre.

Enfin dans ces circonstances le mariage celebré à Contré est le seul délit, dont par consequent il n'y a que le Juge du lieu qui ait eu droit de connoître.

L'incompetence est encore plus évidente à l'égard du Curé, dont le délit unique est la celebration du mariage; l'incompetence a même été préjugée; l'instruction a dû être faite pour le délit commun, & pour le cas privilegié par le Juge Ecclesiastique, & par le Juge Royal, qui doit se transporter; l'Edit du mois de Fevrier 1678. porte que l'instruction pour les cas privilegiez, les Juges Royaux seront tenus d'aller au Siege de la Jurisdiction Ecclesiastique: l'Official de Paris étoit incompetent, il a fallu qu'il ait eu recours à M. l'Evêque de Poitiers, qui a bien voulu accorder des Lettres de Vicariat. Il faut donc considerer la procedure pour le délit commun, comme ayant été faite par l'Official de Poitiers; puisque l'Official de Paris n'a instruit que comme tenant son pouvoir de M. l'Evêque de Poitiers.

Voici une bizarerie inouïe: l'Official de Poitiers devoit instruire & juger, parce qu'il s'agissoit d'un délit commun dans le Diocese de Poitiers; car si ce mariage eût été celebré à Paris, l'Official de Paris auroit été certainement en droit d'en connoître; l'incompetence de l'Official de Paris est reconnue, parce que le délit n'a pas été commis dans le Diocese de Paris, le délit est donc commis dans le ressort du Châtelet, par rapport au Lieutenant Criminel, & le délit est commis dans le Diocese de Poitiers, par rapport à l'Official de Poitiers.

Le même argument fondé sur ce droit de suite pouvoit être proposé contre l'Official de Poitiers avec autant de force que contre le Juge Royal du lieu où ce délit a été commis.

L'argument n'a pas paru concluant contre le Juge d'Eglise, l'a-t'il été pour établir la competence du Lieutenant Criminel du Châtelet? les deux Juges doivent instruire conjointement, c'est le lieu du délit qui fonde également leur competence; on s'est tiré d'affaire par le détour des Lettres de Vicariat, ce sont ces mêmes Lettres qui établissent l'incompetence du Juge Royal.

Le pere du Curé est dans le même cas; ce qu'on lui impute est d'avoir été témoin du mariage; le Lieutenant Criminel du Châtelet n'a pas été plus competent à l'égard du pere qu'à l'égard du fils.

Il en est de même de la Dame de Blenac: si elle eût été coupable, le Lieutenant Criminel du Châtelet n'auroit point été son Juge; il a commencé toute l'instruction faite par préjuger son innocence en lui accordant par provision son élargissement, il la condamne par contumace à une peine infamante.

C'est une erreur de dire que les accusez en contumace doivent être condamnez par la seule raison qu'ils sont en contumace ; les pieces du Procès suffisent pour absoudre ou pour condamner ; il n'est permis en aucun cas de condamner l'innocent, ni même ceux qui sont accusez d'un crime qui n'est pas prouvé comme il le doit être ; ce défaut de preuves est un obstacle que le Juge ne peut jamais surmonter.

Il s'agit d'un rapt de seduction ; l'évasion de la Demoiselle de Moras n'est point un rapt, la seduction n'a pas plus de réalité, les preuves se réduisent à l'interrogatoire de la Gorry, à la déposition de la Demoiselle de Moras qu'on n'a pas dû faire entendre ; on ne doit pas faire plus de cas de celle de M. Fargés de Polisy son oncle, qui n'a pû déposer que de ce qu'il a vû à Contré.

On dit avec d'autant plus de confiance qu'il n'y a rien de plus dans le Procès, puisque ce sont les seuls témoins qui ont été confrontez ; le Lieutenant Criminel dont on connoît la capacité, n'auroit pas negligé la confrontation des autres témoins, si lors du jugement on eût pû en tirer quelques inductions. Il n'y a point non plus de preuves par écrit, puisqu'on n'en a presenté aucune aux accusez, quoiqu'elles soient au Procès.

Et quoiqu'on présuppose dans le cours de la presente Requête que les réponses de la Gorry ayent été fidelement redigées dans ses Interrogatoires, ce qui n'est point, ayant soutenu tout le contraire dans le premier & le dernier qu'elle a subi, & lors de son recolement, cependant quand on passe pour veritables, tous les aveux qu'elle semble y avoir faits, & qu'on y fait attention, ils n'en resulte aucune preuve.

Il n'est pas douteux que la Lettre de la Demoiselle de Moras écrite de Poitiers à Paris est au Procès ; elle n'a point été reconnue, les accusez auroient pû en tirer avantage. Cette Lettre jointe à celle qu'elle a supposé lui avoir été écrite par sa mere dont elle a imité l'écriture, & au marché de la Chaise de Poste signé du faux nom de Courcelles, ne donne pas une idée avantageuse de la Demoiselle de Moras : elle est mineure, mais elle a entrepris ce qu'une majeure n'auroit pas osé tenter : jamais seduction ne fut plus imaginaire ; elle seule en est coupable ; & si son âge & son sexe rendent sa faute excusable, il y a de l'absurdité d'en faire retomber la peine sur le sieur de Courbon & sur la Gorry, & que l'imprudence de la Demoiselle de Moras coute la vie à l'un & à l'autre.

CE CONSIDÉRÉ, NOSSEIGNEURS, il vous plaise recevoir la Suppliante Appellante tant comme de Juge incompetent qu'autrement de la plainte, information, decret, emprisonnement, & de toute la procedure extraordinaire faite contre elle, ensemble de la Sentence définitive contre elle rendue au Châtelet de Paris le       Juillet dernier ; faisant droit sur ledit appel, mettre l'appellation & ce au néant, émendant declarer le tout nul & incompetemment rendu ; décharger la Suppliante de l'accusation contre elle intentée ; & où la Cour y feroit quant à present la moindre difficulté, ce que la Suppliante n'estime pas, en ce cas lui donner Acte de ce que pour addition de moyens d'attenuation & faits justificatifs, elle employe ceux contenus en la presente Requête ; lui permettre d'en faire preuve, pour la preuve faite & rapportée, être ordonné ce que de raison : Et vous ferez bien. *Signé*, AUGE' veuve GORRY.

SAURY, Procureur.

De l'Imprimerie de la Veuve d'ANDRE' KNAPEN, au milieu du Pont Saint Michel. 1738.

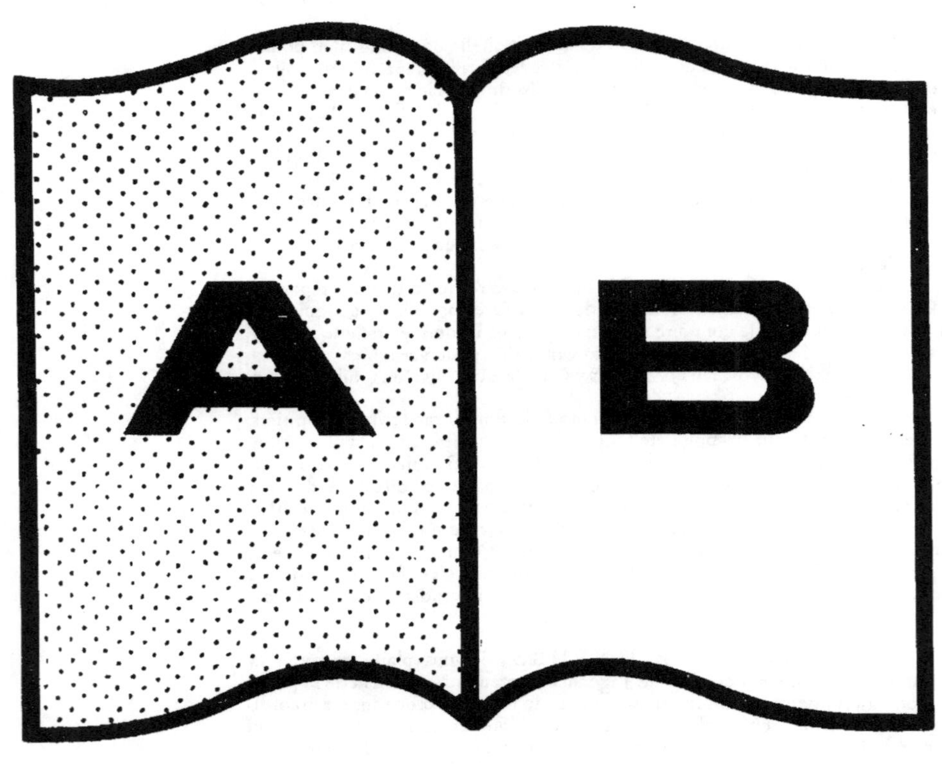


Contraste insuffisant

**NF Z 43**-120-14